詩 속에 숨겨놓았다

김채진 여섯 번째 詩集

詩 속에 숨겨놓았다

책과 공간

시인의 말

·
·

2000년에 첫 번째 시집을 펴낸 이후 스무 해 만에 여섯 번째 시집을 엮습니다.

그동안의 발표작 350여 편 모두 여러 번의 손길과 눈길로 완성한 글들이지만 모자라는 문재文才 탓에 아쉬움마저 감출 수는 없습니다.

'詩 속에 숨겨놓았다'는 중년의 이름으로 살아가는 이야기 78편과 이미 발표한 8편을 영역英譯하여 선뵙니다.

만들기까지 애써주신 여러분들 – 영역, 디자인, 제작 – 께 고마운 말씀 드립니다. 아름다운 사람 되고자 더욱 정진하겠습니다.

2020년 9월

김 채 진

차　례

제 1 부 • 길 나서기

제 2 부 • 가을단상

제 3 부 · 자화상

제 4 부 • 현실주의자

제 5 부 · 돌아보기

제6부 • 사람 냄새

제 7 부 • 다시 찾아보기

제 1 부

길 나서기

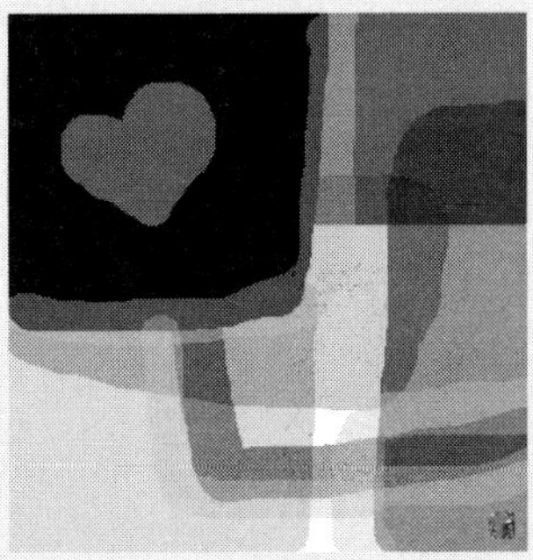

사람 없는 섬

- 고향 나들이 1

열 살이나 되었을까
동네 형들 따라 노 저어갔던
그 곳이 그립다

햇살은 따사롭고
바람은 알맞게 이는
봄날이어도 좋다

밝은 달이 밤을 밝히고
한기는 느껴지지 않는
한가위 무렵도 좋다

하루 하루 이어지는
숱한 일상을 미룬 채
홀연히 떠나고 싶다

청산도

- 고향 나들이 2

푸르디 푸르다
맑고 밝다

산과 들과 바다
그들은 그들대로
사람은 사람대로

길지 않은 뱃길 동안
눈에 들어오는 건
사람없을 듯 싶은 섬들

무엇을 하기보다
하얗게 머리 비우기에
이만한 곳이 또 있을까

세사 시름 놓고
바다 내려다보며
턱 괸 채 머물고 있다

회상回想

- 고향 나들이 3 / 입춘에 부쳐

온기 얹혀진 바람이
보리밭 이랑 사이로
반갑게 손을 내민다

사람 없는 섬들은
눈 쌓인 수묵화되어
상서로움을 안겨준다

눈부신 얼음장 아래로
속살 드러내는 냇물은
청량에 더할 나위 없다

파도에 잠긴 햇살은
반 세기 전 기억들을
새삼 떠 올리게 한다

그때 못한 천진난만을
가끔이나마 하는 지금,
반백 살 아닌 다섯 살이다

길

– 고향 나들이 4

강을 건너 숲으로
들을 지나 바다로
아버지 발길 좇아
뛰다 걷다 뒤따랐다

참꽃이 피었다 지고
매미 합창 들리던 샛길,
들국화 여러 색 뽐내고
눈 쌓여 미끄럽던 산길

헤찰부리던 그 길은
반백 년을 가로질러
머릿속에만 남아있다

강과 숲과 들과 바다는
반듯한 찻길로 이어져
빠르기 경주에 여념없다

곡선의 미학

\- 고향 나들이 5

네모 반듯 경지정리
낯설어 논 답지 않네

구불구불 논배미
오래 전 그림이 떠오르네

폭우에 살짝 유실되어
말뚝 지지대 세운 논두렁

그 잉여농지에서 여물던
콩 몇 그루의 기억 새롭다

추억을 반추하는 시간이면
열 살 즈음에 머물러 좋다

초록을 눈에 담는 여행에는
기차나 버스가 더 좋다

거기

청바지에 구두 차림
한여름을 너머 넘어
비로소 찾아낸 명당

나무 울타리에 흙빛 길
사진마다 색상이 다른
한적하고 아늑한 자리

나타나길 기다리고
지나가길 바라면서
오래 머물던 나무의자

낮엔 햇살 끌어와 만지고
밤엔 달빛 당겨와 비비며
긴 하루 만들어 좋은 곳

거기에 있었다, 있다
다른 듯이 같은 듯이
함께 있어도 그리운 동행

휴대폰 카메라

모델은 어려운 일이다
더하여 미소 유지까지는
미션임파서블이다

자연스레 웃다가도
알아차리게 되면
의지와 달리 굳어진다

가끔 셀카를 시도하고
덜 못난이 하나 남긴다
가장 젊은 날의 초상을

때로는 거울 대용으로,
깨알 메뉴얼 확대용으로
쓰임새를 달리하고 있다

남이섬 연가

너의 하늘이고 싶다
알퐁스 도데의 '별' 속
목동의 헌신과 존경처럼

너의 희망이고 싶다
황순원의 '소나기'에서
소녀의 따뜻한 가슴만큼

너의 기쁨이고 싶다
진 웹스터의 '키다리 아저씨'
그 마음에 성숙을 더하여

초록과 단풍이 공존하는 여기
근심걱정은 햇살에 태우고
물아일체物我一體가 되어본다

불청객

봄비 갠 다음 날
망중한을 만들어
시냇물에 발을 담근다

맑은 물에 마음을 빨아
너른 바위에 널어놓으니
햇살이 한참 머물러 있다

허리 곧추 세우고 눈을 감아
햇살과 물과 바람과 새들의
웅장한 관현악을 듣는다

얼마나 흘렀을까
개미들이 주위로 모여든다
신병교육대의 열병식이다

본디 자리를 비켜달라는,
더 이상의 해찰 말라는
그들의 시위에 몸을 일으킨다

기억, 추억

처음엔 조금 빠르게,
보름 쯤엔 알맞게 움직이다
한달 쯤이면 느려졌지

시침 분침 뿐만 아니라
추와 함께 소리마저도
그만큼 크다가 작아졌지

라디오 시보에 맞춰보는
재미와 기대 또한 작잖았지
까까머리 조무래기에겐

하루가 멀다하고 달라지는
디지털 세상이 버겁나보다
태엽 감던 괘종시계 그립다

별이 빛나는 밤에

일찌감치 열었던 아침부터
촘촘헐렁하게 엮은 한낮
느즈막히 닫히는 저녁까지

편안하게 돌아보는 오늘,
쓰다가 지우기를 거듭하며
밤하늘 원고지에 담는다

재미 붙여가는 사장놀이와
몸에 밴 실무자 마음가짐을
길지 않게 고민도 해본다

별은 맑음과 밝음을 품은 채
의심장한 질문을 쏟아내지만
난 그저 詩 속에 숨겨놓는다

그림자

난 항상 그대로인데
넌 늘 변화무쌍하다

그늘 만들어 주려
아침엔 길어진다

피하고 싶은 이 많아
한낮엔 줄어든다

어둔 길 안내하려
저녁엔 다시 길어진다

할 일 다한 듯
밤이 되면 숨는다

변화를 두려워하는 난
행동하는 네가 좋다

돌

마음이든 예술이든
내구재로 단연
으뜸이요 버금이다

현인들의 문장은
빛 바랜 비석에서
탁본으로 만난다

고구려의 경계는
추사秋史가 알아차린
순수비로 이해한다

팔당댐 철길 아래
연인과의 이름 새긴
그 마음도 그 마음일까

의지가 약해져갈 땐
고향집 돌담을 떠올린다
흙과 짚과 함께 머무린

제 2 부

가을단상斷想

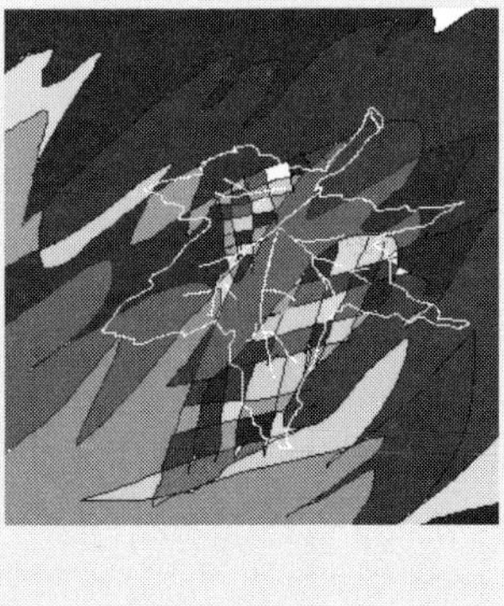

하늘

- 가을단상 1

처음 보는 이어도
반가움에 안고싶다

타고 찌던 계절 너머
오지 않을 듯 싶더니

거스를 수 없는 시절
어찌할 수 없었나보다

파랑 바탕 칠하고
하양 물감 덧입혔네

어떻게 만들었길래
오묘한 색깔일까

굳이 형언한다면
희파랗고 시리다

햇살

- 가을단상 2

하루의 쉼도 없이
달포를 태우고
여전히 힘이 있다

그나마 고마운 건
습도를 머금지 않아
후텁지근이 없다

가로수 그늘에 서면
며칠 사이의 변화를
온몸으로 알아챘다

유영 선수 고추잠자리
유연 선수 코스모스
교체 명단에 들어있다

바람

- 가을단상 3

흔들바람이었다가
남실바람으로

하루에도 서너 번
옷을 갈아입는다

세기 조절에 애먹는
사춘기 남자아이다

머리 굴리지 않아
거칠어도 귀엽다

너에게 몸을 맡기면
하늘을 날 수 있겠지

동행의 손을 잡고
그때로 돌아가보련다

비

\- 가을단상 4

한 번 올 때마다
수은주를 조금씩 낮춘다

한기 가득 머금지 않음은
그나마 다행이다

단풍에 관한 권한을 가졌다
예쁘게 물들이고 시들게 하는

그 막강한 절대권력으로
머잖아 세상을 변색할텐데

받아들이고 환영하는 뜻으로
나아가 한 번 맞아볼까?

중년

- 가을단상 5

모퉁이 허름한 곳의
착한 찻집을 찾는다

천천히 둘러보면
동년배거나 그 이상이다

변질되고 혹은 사라진
다방 탓이려나

담소와 대화는
가벼움과 무거움이 공존한다

무료할 때 가끔 띄운다
공상 속의 일엽편주一葉片舟를

그 곳엔 열 살 쯤 가보았던
사람 없는 섬이 보인다

북한산 백운대

- 가을단상 6

거기에 있었다
신선후련한 바람,
가을 닮은 사람들

여전히 없었다
희망하는 여유와
사색으로부터의 탈출

오르내리며 느껴야 할
산과의 호흡은 사라지고
도착을 위한 걷기만 있다

서 있는 것들에 말을 걸고
움직이는 이에 눈길 주면
가깝고 즐겁지 않을까!

단풍

- 가을단상 7

시작하는 연인인 듯
수줍게 변색 중이다

누르스름에 발그스레
어색함이 변성기 남아다

머잖아 시선을 모을 터
지금이 더 궁금하다

여름날의 푸르름으로
겨울을 인내하겠지

환한 웃음으로 거름 되어
봄날을 기다리겠지

사랑을 위해 제 몸 바치는
영웅 중의 으뜸이다

낮잠

- 가을단상 8

허름한 육신이
헐렁한 정신에 얹혀
낡은 하루를 만든다

너나들이하는 이에게
위한답시고 아프게 말하여
담을 또 한 뼘 높힌다

얕은 지식으로 쏟아내느라
쓸만한 것보다는
억지와 우격다짐이 늘었다

자책으로 미간 찡그리다
한기에 놀라 알아차린다
꿈이다

다행이다, 미안하다, 사랑한다

생각하기

– 가을단상 9

이맘 때면 생각한다
연락 뜸한 사람들을

계륵鷄肋이라 해야 할까
지우지 못하는 연락처

나 또한 그들에게
그만큼의 존재겠지만

잘 다듬어진 개천을
안단테andante로 걷는다

마음은 한참 동안
발이 부르틀 때까지

잊혀져가는 이들을
일방적으로 걱정하며

애이불비哀而不悲*

– 가을단상 10

바이올린 선율이다
첼로와의 협연이다

가슴을 후벼파고
심장을 쥐어짠다

난방이 애매한 이맘 때
떠나간 이가 더 그립다

슬픔 너머엔 기다림이
그 다음엔 재회가 있다

타고 남은 재가 거름이 되듯
윤회만큼 아름다운 건 없다

피아노 소리 들린다
간절한 그리움 사이로

* 슬프지만 겉으로 드러내지 않음

아침

- 가을단상 11

알람 소리에도 뭉그적거린다
서늘한 공기에 굼떠지고 있다

인체 리듬 따라 늦게 일어날까
머잖아 겨울 오면 그래야겠다

혼자만의 원칙에 사로잡혀
스스로 혹사시키는지 모른다

짧아도 질 좋은 수면에 감사하며
몸이 원하는대로 맡겨봐야겠다

손바닥 위의 눈부신 조명으로
어느새 메일을 들여다보고있다

아마도 기억없는 전생에는
무위도식 종친이었나보다

너와 나의 거리에 대하여

– 가을단상 12

푸르름 뽐낼 땐 미처 몰랐다가
가을에야 비로소 알게 되었다
잎새가 길을 덮을만큼 많았는지

수북이 쌓인 낙엽 밟으며
점점 멀어져 점이 되었다

슬픔이 지나쳐서 그러는 걸까
바삭한 채소튀김 소리로 들렸다

가까이 있던 사람의 빈자리는
풍성하게 추수 끝낸 들녘이다

고개도 마음도 자꾸 돌아본다
별이 밝고 맑은 날엔 더 많이

입추 이후

\- 가을단상 13

팔월 중순 이후 두어 차례
가을 연습하던 여름이
뒤통수 긁적이며 비켜나면
누구라도 변화를 감지한다

하늘은 희파랗게 높고
잠자리 비행고도는 낮고
벼의 고개 숙임 각도는 깊고
저절로 떨어진 밤톨은 크다

을지로 뒷길 실골목 너머
저만치 와 있는 동행이
계절 한 가운데로 인도하면
생각을 멈추고 그냥
강력한 자장에 이끌리련다

제 3 부

자화상自畵像

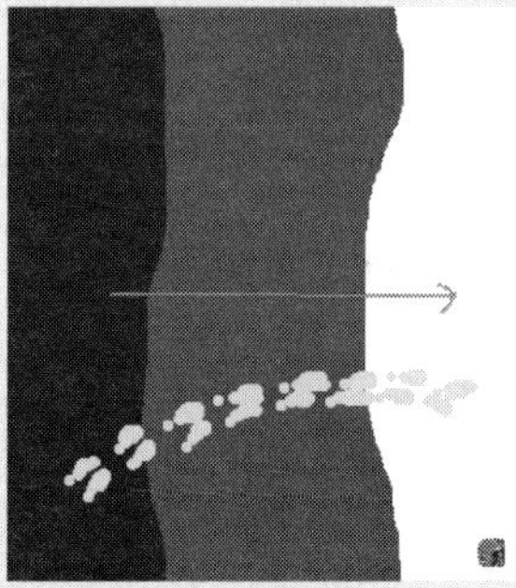

다짐

형식이 내용을 지배하면
여물다 만 옥수수다

명분이 실리에 잠식되면
소용돌이 위의 가랑잎이다

서생과 상인의 인격이
공존해야 하는 세상살이

항상 우아할 수 없어도
영혼은 찌들지 않기를

앞만 주시하는 듯 싶어도
뒤 돌아보는 가슴 있기를

가끔 하늘 올려다보며
반 박자만 늦게 걷기를

독백 1

머리에 가득 찬 생각
구태여 말하지 않겠다

바라볼 수만 있어도
눈을 지긋이 감아도
미소 머금어지는 것

어여쁨도 그리움도
매일 매일 자라남을
비로소 알았다는 것

마음을 비추는 거울에
나는 이미 없어지고
당신이 들어있는 것

언제부턴지 알 수 없어
굳이 알리고 싶지 않다

독백 2

가끔 하는 공상은 아쉽다
눈에 힘을 주면 멈춰지기에

세네 살 배기 부럽다
무얼 하여도 어여쁘기에

늘 가장자리에 머무는 삶,
세상의 한복판이 부럽긴해도
현실주의자라 꿈 꾸지 않는다

잘 되는 이는 생각한대로 하고
안 되는 이는 걱정한대로 하는,
세상사의 오랜 철학을 안다

희망한다 소신대로 하자
소망한다 지금처럼 하자

쉰을 위한 기도

- 사랑하는 이에게 1

반백년이다
딸의 이름으로 사반세기
아내와 엄마로 그만큼

이제는 '무엇'에서 벗어나
온전한 자신의 이름으로
퍼즐 채우기를 기대한다

감추기에 익숙한 시간
누르고 살아 온 나날,
그 보상이었음 좋겠다

하늘 위든 물 속이든
마음대로 유쾌하게
훨훨 날기를 희망한다

아름다운 당신에게
든든한 후원자 되고
넉넉한 그림자이고 싶다

발칙한 상상

– 사랑하는 이에게 2

오래 함께할 우리는
보관중인 일기장이요
빛바랜 가방이려니

애달픔과 미안함으로
눈가 젖고 미간 패이고
실없이 헛웃음도 나겠지

꼬질한 매무새를
가장 많이 보이고도
큰소리는 줄지 않을텐데

전동킥보드 사달라 떼쓸까?
배낭여행을 떠나볼까?
데굴데굴 굴러볼까?

젊은 날에도 못해 본
그 사소한 일들을
쉰 넘어 해보고 싶다

나를 위한 변명 1

내게 번번히 지는 내가
어떤 사람인지를
누구보다 잘 안다

아침에 한 다짐이
오늘이 채 가기 전에
끈 떨어진 연 되기도 한다

그래도 또 하려는 건
나를 이기기 위함일까
아니면 주술 같은 것일까

내 안의 나는
잠들면 하나 될 뿐
늘 독립을 꿈꾸나 보다

그래도 다행이지
일삼아 약속 어기는 나를
다른 이들은 모른다

나를 위한 변명 2

천부인격
타고난 품성

자랑스럽게 유지하거나
명분을 위한 위장일 뿐
근본이 달라지지 않는다

보편적 이성을 벗어나도
자기합리화에 몰두한다
타인은 안중에 없다

스스로 들여다보고
먼발치서 관조하는
요식행위도 해본다

찰나의 고민 후
원래대로 재조정한다

말을 위한 변명

생각은 글이 되고
마음은 말이 되어
머리를 관통한다

가끔은 실수로
때로는 고의로
허튼 말을 담는다

어여쁘던 것도
꼬이고 비틀면
금세 비수가 된다

여름 한낮의 푸념은
한겨울의 그 것과
질량이 같지 않다

지천명을 넘겨도
이해와 조심이 멀어
후회와 한숨이 가깝다

작은 행복

늦은밤에 준비해
창틈에 놓아 둔
가벼운 아침거리

중년의 특권인 듯
아침운동 함께 하는
익숙한 이들의 눈인사

언제부터인지 모를만큼
잠시의 오수 후에 밀려드는
강렬한 아쉬움

주섬주섬 챙기는 시간에
입꼬리 올라가게 만드는
너나들이 벗님의 전화

집 근처 골목길에서
시청후각으로 발길을 붙잡아
고민하게 하는 푸드트럭

너와 나

아침부터 저녁까지
나의 하루를 채우고도
그냥 모르는 척하네

말 하지 않아도,
문자 따로 없어도
존재감으로 사로잡네

너와 나 하나인데
서로 바라볼 수 없는
동전의 양면이네

행여 기억을 잃어도
나만 찾을 거라는데
나는 숨을 거라하네

중용中庸

흔들린다
이른 아침 덜 깬 몸이
늦은 저녁의 취객만큼

어둠 가시잖은 첫 전철엔
부지런한 이들이 가득
한 하루를 열고 있다

초보 기관사는 이따금
정류장에서 후진도 하며
땀나는 운행 중이다

중심을 잡아야 한다는,
치우치지 않게 살라는,
하루를 미리 보여준다

마음, 사랑

주고 받는 양이
치우치지 않은 게
바람직한 본질이다

주기만 하는 건
맹목적인 부모이거나
종교적 신념일 것이다

받기만 한다면
철 없는 속물이요
이기적인 얌체다

… … …

어떡하지?
주는 건 시늉만 내고
받는 게 훨씬 좋으니

그대

머리 둘레 시리는 겨울엔
너른 뒷뜰 한뎃솥에서 흐르던
팥칼국수의 눈물이 되네

등골에 땀 흐르는 여름엔
소반 위 고구마 옆
살얼음 보이는 동치미 되네

반백 년 살이 지나 남는 건
꾸민 채 만나는 인연이 아니라
드러내보일 수 있는 사람이네

다시 사반세기 쯤 지나
지난 날을 반추할 때
곁에서 기억을 거들 사람이네

제 4 부

현실주의자

현실주의자 1

주로 이기적이다
가끔 이타적이다

내 사람이,
가까운 이가 먼저다

여러 사람이,
공공익이 우선이다

친지혈육이라도
편치 않으면 피한다

우월한 이어도
무례엔 전투태세다

이해가 따르지만
후회하고도 또 한다

현실주의자 2

경계가 지독하다
주관적으로 재단한다

돈에 관심없다는 이
점수 연연 안한다는 이
뒤끝 없다는 이
이해하기 쉽지 않다

주제 넘게 소비하는 이
번지르르 꾸미는 이
멋 모르며 즐기라는 이
측은하기까지 하다

돌아보게 된다
자주 돌아본다

현실주의자 3

보일듯이 보일듯이
꿈이 저만치 있다

잡힐듯이 잡힐듯이
희망이 멀지 않다

아침을 여는 소리에
꿈 속 청년은 사라진다

시공을 초월했던 자아를
어루만지며 다독인다

허탈함은 묻어두고
한 하루를 시작한다

스무 살의 이상理想은
미래 위한 동력이다

지천명智天命에는 안다
스스로의 역량을

0에 관한 연구

곱하기에는
무슨 수를 대입하든
영으로 만드는 절대권력이다

더하기 빼기 나누기에는
아무 것도 할 수 없는
무기력 그 자체다

둘 다 즐겨하는 나를 닮았다

자잘한 일상에
낯빛 맑아지고 밝아지는
따뜻한 영이고 싶다

품위 있는 열정

문득 생각이 나도
입꼬리 올라간다

그저 바라만 보아도
넉넉한 마음이 된다

굳이 말하지 않아도
이심전심으로 통한다

맞잡은 손으로 전하는
무언의 대화도 좋다

젊음의 뜨거움이 덜 하여도
일부러 낮춘 것이니 괜찮다

경륜의 따사로움이 더하여
군불 지피지 않아도 된다

기다림 1

산다는 것은 크고 작은 기다림이다

오일장에 가신 어머니의
시오리 산길 입구에 선 여덟 살

대입 결과에 시름 가득이던 스무 살
더디게 더디게 흘러가던 훈련병 시절

첫 직장의 채용이 궁금하던 청춘
신부 입장에 쑥스럽던 결혼식장

아이 울음에 가슴 조이던 산부인과
그 녀석들 입시와 군복무에 속 타고
늦은 귀가에 마음이 편치 않은 중년

이젠 슬슬 내려놓는다
아름답게 나이들 준비하며

기다림 2

세월의 흐름은
얼굴을 주름지게 하고
마음의 다름은
뇌 그림을 변화시킨다

사람의 일이라
사랑은 살아 움직이고
너에게로 다시 가는 길은
막을 방법이 마땅찮다

존재감 미미한 내가
너와 함께 있을 때면
특별한 사람이 되었다

이제 기다림을 마감하려 한다

변화

외로움을 외로움으로
인식하지 않았던 날들

그 자발적 쓸쓸함이
역설적 힘이었다

구황식품이었고
산소호흡기였다

이젠 달라지련다
즐거움을 즐거움으로

보이게 드러나게
때로는 지나치게

일벌

어제와 같은 오늘
오늘과 다르잖을 내일

여왕벌의 지시 없어도
자발적 노동이 즐겁다

무엇을 위하여?
누구를 위하여?

특기이며 취미이며
존재의 이유이다

성취감이 으뜸이요
주머니는 버금이다

이따금 하는 일탈은
나만 아는 특권이다

우리가 사랑할 때

큐피트는 어땠을까
노고를 생각해본다

한가했을 거야
단 한 방의 화살에
제대로 관통했으니

무거웠을 거야
사용하지 않은 살이
화살통에 남았으니

뿌듯했을 거야
OECD 평균보다
재밌고 치열했으니

안도했을 거야
흔들 삐그덕거리다
경제속도 찾았으니

민들레

길 가생이에
길 한가운데
게의치 않네

짓밟혀도
찢겨져도
질기디 질기네

노랗게 꽃 피우네
이름만큼 어여쁘네
쉬이 지지 않네

나를 닮았네?
나를 닮았네!

산다는 것

인연을 위한 기다림이다
더불어 살아 갈 이를,
우성도 열성도 닮은 아이들을

몸이 흔들리는 울음이다
가볍잖은 삶의 무게에,
세상이 알아주지 않음에

하얀 이 드러내는 웃음이다
참사랑하는 이들의 밝음,
동행하는 사람들의 맑음

이야깃거리의 많음이다
회상이 익숙한 날이면
입꼬리 오르내림 분주하게

사랑, 건강

몰라서 안하는 이 없지만
알아도 쉬이 하지 못한다

처음부터 아는 이 없는데
가르치지 않아도 다 안다

살아가며 더불어 죽어가며
가장 어렵고도 쉬운 일이다

감히 안다고, 많이 안다고
나서거나 티낼 일이 아니다

그 누구도 다 가질 수 없는
높디 높은 하늘의 별이다

그릇을 알면, 주제를 알면
그만큼의 평안이 온다

제 5 부

돌아보기

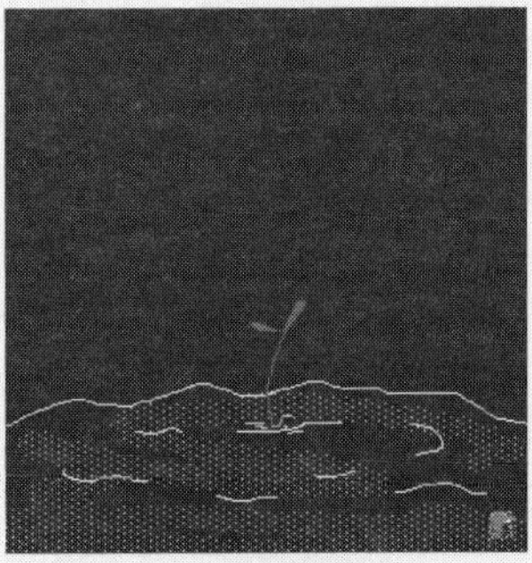

빗소리

새벽비는
주위를 둘러보고
옷깃을 여미게 한다

한낮의 비는
숨 한 번 고른 후
찻잔을 마주하게 한다

해어름 비는
생각나는 사람을
기어이 부르게 한다

밤비는
그리움과 아쉬움을
한꺼번에 잉태한다

비는 그렇게
너나들이하는 오랜 벗이다

비 오는 날의 수채화

결이 가지런한 나무탁자에
김이 피어나는 찻 잔 하나

둘 곳 모르다 시선 머무니
짙은 찻물 속에 보이는 너

너른 창 너머에는
새벽부터 고운비 내려앉고

까닭모를 빈 가슴엔
옥인동 비탈길이 들어온다

아침나절이 다가도록
여태 그렇게 앉아있다

막걸리 예찬 1

한 잔은 그리움이다
크고 작은 흔적 남겨놓고
다시는 뵐 수 없는 어른들

두 잔은 아쉬움이다
알량함에 더하여 고약함으로
멀리하고 멀어져간 사람들

석 잔은 마음가짐이다
중저음, 엷은 미소가 특기인
아름다운 사람이고 싶다

막걸리 예찬 2

인테리어라 할 것 없는,
인텔리전트는 저어할만한
그 자리가 편안하다

이제 막 걸러졌거나
마구 거른 술이거나
투박함이요 정겨움이다

탁배기라 하시던 아버지,
같은 맛으로 드셨을지
달콤쌉쌀함에 젖어든다

유효기간

백일 쯤이다
해를 품을 열정이
사그라드는 시간

이백일 쯤이다
달 한가운데 얼굴이
흐릿해지는 시간

삼백일 쯤이다
미안함과 상실감이
혼재하는 시간

지금 쯤이다
미소 지으며 멈춤이
필요한 시간

너의 의미

목소리 들으면
포근함이 담겨있네

지긋이 바라보면
입꼬리 올라가네

향긋함을 맡으면
고단이 사라지네

살포시 안으면
세상은 내 것이네

품에서 잠들면
돌배기 아가네

언제든 떠올리면
일등 바보되네

꿈

\- 개업 25년에 부쳐

지나 간 세월은
프레스토 십 년
알레그로 십 년
모데라토 다섯 해

다가 올 시간은
모데라토 십 년
모데라토 십 년

안단테와 라르고는
여전히 꿈만 꾸며

* 라르고(largo): 매우 느리게
안단테(andante): 느리게
모데라토(moderato): 보통 빠르기
알레그로(allegro): 빠르게
비바체(vivace): 빠르고 경쾌하게
프레스토(presto): 매우 빠르게

미필적고의未必的故意

국가대표 미소 띠어
전략적 냉정 유지를
무장해제하게 한 것

미숙하게 미간 찡그려
간만에 열렸던 가슴
굳게 철시하게 한 것

오롯이 내가 한 짓이다

끓는 듯 뜨거운 마음을
차가운 가슴 만드는 건
많은 시간이 필요치 않다

독선과 독단이 늘수록
혼술과 혼밥도 비례한다

시인 예찬

은둔의 밝은 시심이
비로소 세상으로 나오는데
맑은 마중물이 되고 싶다

켜켜이 쌓인 내공을
그의 허락 없이도
쌀독에서 퍼내고 싶다

넉넉하면 채워지지 않고
모자라면 더 궁핍해지는
순수문학의 쌀독

아무도 들여다 본 적 없는
태고의 신비를 발견한 나는
시대의 고고학자다

그 곳에선 밝음과 맑음이
원형 보존되게 하고 싶다
처음, 지금 그대로

반성

무엇이 문제인지
어떻게 해야 하는지
아는만큼 알고 있다

울퉁불퉁 넓적한 원과
아름다운 동그라미의
교집합을 넓혀야 한다

울그락불그락 성깔을
좋은 날 하얗게 풀 먹여
빨랫줄에 널어보련다

이어지는 뉘우침처럼
멀리해야 하는 것들을
가까이 하지 않으련다

독백

당신 생각으로
한 하루가 열리고
시나브로 닫힙니다

대체로 눈에 밟혀서
입꼬리 한참 올리다가
가끔 딴생각도 합니다

전쟁의 포로가 되고
테러의 인질이 되어
자가격리 중입니다

자아도 자존감도 없는
노예의 삶인데
벗어날 궁리, 않습니다

이타주의利他主義 예찬

- 2020년 4월 / COVID-19 확산

'사회적 거리 두기'
생경生硬함이 낯설지 않은
미증유未曾有의 세상이다

이기적이고 눈치 없는
한 줌의 인간 군상은
여지없이 스멀거린다

맨 앞에 든든한 의료진
꼼꼼 방역 관리 공무원
불편을 인내하는 시민

사람다운 사람이
훨씬 많고 많기에
위안과 경외를 느낀다

험한 세상

- 2020년 8월 / COVID-19 재확산

포스트모더니즘 시대,
영화 시나리오였는데,
혐오스러운 역병이다

상대방이 못 미덥지만
스스로도 미덥지 않다

안전지대가 따로 없어
두렵고 무섭기 그지없다

모난 인간들의 준동蠢動이
필부범부匹夫凡夫를 힘들게 한다

조심하고 또 감내하며
착하게 기다려야 한다
일상으로의 회귀를

제 6 부

사람 냄새

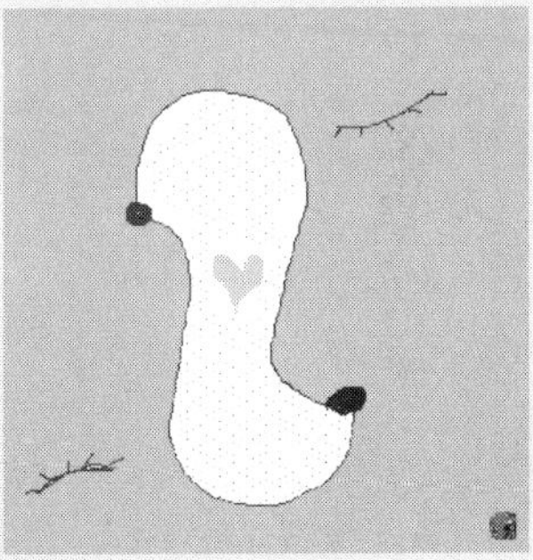

사람 냄새

저만치서 느낄만큼
짙은 향과 옷차림은
여태 익숙치 않다

한 듯 안한 듯
그 만큼의 꾸밈으로도
미소 머금긴 충분하다

땀내라 하셨지만
엄마 냄새라 명명했던
열 살 무렵의 기억

지금, 그녀에게서
새삼 되살아나는
그 것이 좋다

철길

둘이서 나란히 간다
까칠하다지 않을까봐
일정하게 거리 유지한 채

마음은 분명 하나일텐데
가까워질 수 없는 숙명을
가슴 가득 새기고 간다

멀리 보면 닿아있지만
오차 없는 간격 탓으로
한 번 만져볼 수도 없다

그 마음 소리로 드러낸다
때로는 슬프게 슬프게
이따금씩 애절하게

신기록

- 2020년 8월, 장마 54일

달포를 훌쩍 넘어 두 달에 가깝다

생일선물 깜박한 아빠에게
잔뜩 화가 난 꼬마 아가씨의
역대급 투정일까

손가락 마디를 늘리며
손뼘 크기 으스대던
까까머리 조무래기의 뽐냄일까

산자락이 무너지고
집채가 토사에 밀리고
흙탕물이 논밭을 삼켰다

가뭄보다 수마水魔가 더 무섭다

춘래불사춘春來不似春

수은주는 영상 십도라는데
체감기온은 영하를 넘나든다

양간지풍은 여지없이 그렇게
산간에 상처를 남기고 만다

겨우내 제 몫 다한 방한복은
이미 지친 향기를 내뿜는다

금세 지나가버릴 봄날에겐
책임감과 미안함이 필요하다

겨울과 여름에게 빼앗긴 영토를
조금이나마 되찾아야 한다

버티는 녀석은 제때 챙겨 보내고
야금야금 오는 놈은 막아내고

오월 중순 회상

보리가 누렇게 출렁인다
무게를 못 이기는 것인지
바람 때문인지 알 수 없다

된장국에 어린잎 들어있어
까칠하던 게 입춘 무렵인데
백일 동안 실하게 여물었다

쉴 새 없는 이모작 논이
연중 가장 바쁜 한 달이다
보리 베어내고 모내기하느라

여름 연습에 한창인 날씨는
삼십도를 향해 뛰어오르고
비는 소녀처럼 숨어있겠지

오늘

생생한 역사다
여든을 산다면
삼만 분의 일이지만
허투루 살 수는 없다

내가 하는 짓거리와
보고 듣는 일이 모여
세상이 이루어지고
또 그 속에 존재한다

지나간 이만 날들을 돌아보며
다가올 일만 날들을 생각한다
그렇게 소중한 오늘,
귀하게 살며 사랑하련다

어리광

너 보이지 않는 내일은
더 이상 미래가 아니다
그냥 오늘에 머물자

홀로 되어 십년보다는
함께 부대끼는 열흘이
훨씬 기나긴 시간이다

멀어질 듯 손에 닿고
가까운 듯 거리가 있는
못난이의 사랑학개론

머리일까 심장일까
차갑고 뜨거운 교집합
지금 …

다잡이

언제부턴가 슬그머니
통장에 슬럼프가 찾아왔다

길어질수록 회복은 어렵고
그냥 실력이 되고 말텐데

벗어날 방법이 보이잖고
솟아날 구멍도 마땅찮다

하늘 한 번 우러르고
매무새 다시 바로잡는다

나의 길을 가야한다
나의 길을 간다

안티 안타라야메*

아무 것도 아니면서
무엇인 냥 으스대느라
인심 사납고 멋적다

제 앞가림이나 잘 하지
가르치려 드는 꼴이
꼴통 꼰대의 전형이다

척박 천박한 머리로
대단히 깊고 너른 척
무모함이 묻어난다

그냥 들으면 되는데
웃음 한 번이 더 좋을텐데
한 마디 거들어 슬프다

*antarayame(힌디어, 마음을 잘 들어주고 알아주는 좋은 치유자)

나이 든다는 것

이만 날들을 돌아보며
일만 날들을 계획한다

아름답던 가을이 귀찮아지고
까닭모를 자신감이 줄어든다

일거리와 수입은 비례하고
움직임과 지출은 반비례한다

방문하는 진료과는 늘어가고
퇴행성이라는 낯선 이름이다

쉰을 한참 넘어 문득 마주한
지독한 현실주의자의 고민

풀어야 하는, 풀리지 않는 숙제다

모서리

많이 가지고 있다
가슴에 가득 배어있다

줄여야 하는데
준 듯 싶었는데

침범하는 이 없어도
더 높이 성을 쌓는 건
알량한 자존심이다

뾰족함과 날카로움을
두루뭉술하게 바꾸는
간단한 일을 해야 한다

자기애가 강해야 했던
혼자만의 적잖은 시간들이
이제는 지나간 일 되었으니

내 안의 너

출근길에 퇴근하고 싶을 때
발걸음은 너에게로 간다

어깨에 얹힌 무게 버거우면
미소가 예쁜 너를 떠올린다

먼 길 아니어도 서 있을 땐
너의 따사로운 눈길 그립다

반세기 오래 된 지인처럼
조금 전에 만난 초면인 듯

촐랑이 마냥 나서지도 않고
수줍은 산골 소녀도 아니게

너는 늘 내 안에 있다
자그맣게 다소곳이 그렇게

한 살 늘어가는 시간

큼지막한 설빔 한 벌에
입꼬리 올라가던 시절은
회상 속에만 있는 세상

철 들며 시간에 쫓기고
가벼운 지갑에 치이느라
누리기는 사치였던 여유

슬그머니 가지려하니
아이들은 금세 어른이고
먹는 약이 하나 둘 느네

비우고 또 비우려해도
채워지는 근심 걱정이
새해엔 줄기를 소망하네

제 7 부

다시 찾아보기

마흔 살 수채화

긴 호흡으로 반환점 돌아
꿈 꾸던 새 길을 달린다
목마름 달랠 샘물 찾으며

손 뻗어 닿을 듯한 거리에
경쟁자는 늘어나고
조력자가 보이지 않는다

이제는 스퍼트가 필요하다
앞서지도 처지지도 않겠다
지금쯤 비가 내렸으면 좋겠다

Watercolor of a Forty–Year–Old

Translated by Shin Kiwon

I am running
The new way I have dreamed of
Turning halfway point, breathing slowly,
Searching for a fountain to soothe this thirst.

Rivals are chasing
In a distance so close
Showing right beside, touched nearly
I am finding a helping hand.

I need spurt now
No need to be the first, still not the last
I hope rain will come by now.

안개꽃

화려함은 모른다
나서는 것도 없다
그저 하얄 뿐이다

목련도 벚꽃도 아니다
향기는 있는 듯 없는 듯
다만 바라보고 싶었다

어느 날 한 영혼이
내게로 왔다
조금 슬픈 눈으로

Mist Flower*

Translated by Shin Kiwon

Does not know elegance
Does not know arrogance
Just being white

Not a lily, not cherry blossoms
Just subtle scent
I just wanted to look at her for a while

One day a soul came to me
With a little sad eyes

* Koran expression of gypsophila(very small white flower)

사모곡

가끔 잊으시겠지만
어쩌다 생각합니다

많은 것을 주셨지만
드릴 게 없습니다

아픔을 보듬으셨지만
고통에 눈 돌렸습니다

땀내라 하셨지만
향내를 기억합니다

늘 지켜보시겠지만
힘들 때만 떠올립니다

원치 않으시겠지만
고난을 주셔야겠습니다

Mother

Translated by Shin Kiwon

Maybe you would forget me once in a while
But i think of you once in a while

You gave me a lot
But i don't have anything to give

You have embraced my sorrow
But i turned my eyes from your pain

You have been shy
But in my memory you are always beautiful

Maybe you have been always cared for me
But i think of you only when i have a hard time

Maybe you would not want it
But you have to put me to the test now

먹구름

산마루에 있길래
지우려했는데
화이트 찾는 사이
무너져버렸다

잠깐만
아주 잠깐만을 바랐는데
참을성 없이
새 옷을 덮쳐버렸다

Black Clouds

Translated by Shin Kiwon

Was on the mountaintop
While I was looking for an eraser
She just collapsed

just for a while
All I wanted was just for a while
Without patience
She just fell down
on my new clothes

보이지 않는 사랑

이제는 식어버린
머잖은 날의 뜨거운 다짐
다시 살릴 수 있을까

존지의 생명을 되살린
베어먼의 명작을
창작하고 싶은데…

보이지 않는 사랑은
마음에도 자리가 없는 것
점점 작은 점이 된다

Invisible Love

Translated by Shin Kiwon

Hot words, from not before long ago
Now had gone cold
Can it be alive again?

I wish I could
create a masterpiece
like Behrman
who saved life of Johnsy…*

Invisible love
has no room in heart
becomes a dot, getting smaller day by day

* from O' Henry's "The Last Leaf"

친구야

가지런히 비 내린다
그치기 전에 설움 꺼내고
거세지면 머물던 눈물 내보내자
다른 이들도 다르지 않을 거야

너와 나 찾지 않아도
우두봉의 모란은
봄을 알리고 전하기를 서른 해
이제는 아는 체 해보자

반환점 돌아선 마라토너 되어
가운데쯤 유지하면서 나아가자
조금은 해찰부리며
가끔은 헤살부리며

My Friend

Translated by Shin Kiwon

It's raining neatly
Let's pull our sorrows out before it stops
Let our tears go when it pours
Others won't be different, I think

Even if we have forgot
Flowers in the mountain announced each spring
for thirty years
Now let's pretend to know them

Let's be marathoners
Turned around the halfway point
Let's just be in the middle
Just a little floaty
Just a little childish

미소

가장 어여쁜 것은
십 수년 전 백일 날 아침에
잇몸만으로 만들어낸
딸 아이의 그것

가장 가득한 것은
십 수년 전 첫돌 날 아침에
윗니 두 개로 보여준
아들 아이의 그것

Smile

Translated by Shin Kiwon

The most beautiful one
Is my daughter's
Made with no teeth
When she was 100 days old

The most full one
Is my son's
Made with two teeth
When he was 1 year old

사랑하는 이에게

가장 짙푸른 잎사귀였다가
맨 나중 낙엽이고 싶다

잘 썩고 또 썩어
넘치는 양분이 되고 싶다

햇살 아래 한기 남아있는 날
서둘러 움트는 새순이고 싶다

Dear Beloved

Translated by Shin Kiwon

I want to be the most green leaf
Then be the last falling one

I want to be well-rotten one
Then be your good nutrient

I want to be a new leaf again
That rush to bloom in early spring

詩 속에 숨겨놓았다

지은이 · 김 채 진

발행일 · 2020년 9월 15일

펴낸이 · 김 채 진
펴낸곳 · 책과공간
주 소 · 서울시 중구 을지로 191 (502호)
전 화 · 02-725-9371
팩 스 · 02-725-9372
신 고 · 제 1996-000228 호
정 가 · 9,000원